이 시대의 잠언

Wisdom From The Third Heaven

이 시대의 잠언

초판 1쇄 발행 2015년 1월 5일

지은이 김대광
영문번역 프랭크김
북디자인 김민구
일러스트 양소영

발행처 도서출판 길
주소 경기 성남시 분당구 야탑로 65번길 8(야탑동 354-4) 나인투빌딩 403호
주문전화 (031) 701-0436
홈페이지 www.booksgil.com
출판신고 2010년 9월 18일 제2010-000075호

ISBN 978-89-965799-7-7 03190

이 시대의 잠언

Wisdom From The Third Heaven

김대광 지음 | 프랭크김 영문번역

도서
출판 길

목차
CONTENTS

프롤로그
PROLOGUE

세상이 급변하고 혼란을 반복하면서 우리는 한 번쯤 어떤 것이 옳은 것이고 어떤 것이 참된 것인지 고민하게 된다.

세상은 점점 풍요로워지고 윤택하게 바뀌어 가지만 베토벤과 같은 음악가나 소크라테스 같은 철학가 등 영혼에 울림을 주는 사람들을 찾아보기 힘들다. 필자는 그 이유를, 보다 편리한 육신의 삶을 추구하다 보니 정작 중요한 인간의 근본인 영혼을 잃어버린 삶을 살고 있기 때문이라고 생각한다. 인간이 인간다워질 때 세상에 이끌려 가는 삶이 아니라 세상과 맞서며 그 세상을 이끌며 살아갈 수 있게 된다. 인간이 인간답다는 것은 인간의 근본인 영혼의 소리를 듣고 그 영혼을 살찌우게 하는 삶을 사는 것이라 할 수 있다.

사람들을 만나고 상담하면서 많은 말들로 그들을 설득했다고 해서 그들의 근본적인 문제가 해결되지 않았다. 오히려 직접

적인 설득의 말보다 그들이 생각할 수 있도록 비유를 들어 지혜의 말을 하는 것이 그들의 마음에 여운으로 남아 복잡했던 생각을 정리해 주고 삶의 방향을 수정해 주게 되었다. 사람들은 때로는 회초리가 필요하기도 하지만 사랑과 신뢰로 가르치는 스승처럼 자신에게 진실로 유익한 소리, 영혼을 울리는 지혜에 목이 마르다.

이 책은 필자가 많은 사람들을 만나면서 수많은 처세의 방법에 익숙하고 결과만 좋으면 모든 것이 옳은 것처럼 여겨지는 세상에서 그들이 던졌던 삶의 물음에 근본적인 해답을 준 것을 모아 엮은 것이다.

이 책을 읽는 이들은 자신이 누구인지 돌아보기 위해, 삶에서 최상의 가치가 과연 무엇인가 고민하며 호흡을 가다듬기 위해 잠시 책장을 덮어야 할지도 모른다. 그 순간에 이 책의 글들은 가르침이 되기도 하고 채찍이 되기도 하며 격려가 되기도 할 것이다. 그리고 영혼과 마음에 울림을 주는 잠언과 같은 역할을 하여 읽는 이의 영혼을 살찌게 하고 세상을 이끌만한 내적인 힘으로 쌓이게 될 것이다.

먼저 책을 출간할 수 있는 은혜를 베푸신 하나님께 영광을 돌린다. 일일이 열거하기는 어렵지만 우리 사회의 건강한 문화 정착과 근본적인 변화와 의식의 개혁을 위해 기도해 주시는 분들과 이 책이 출판되기까지 힘쓰고 애써주신 모든 분들께 지면을 들어 감사의 말씀을 전한다.

2015년 1월

10

●
01

관용

MAGNANIMITY

끌어안으면 두 가지를 얻을 수 있지만,
판단하면 옳은 것 하나만 얻을 수 있다.

———

When you embrace it, you can get two, but when you judge it, you can only get the one that is right.

●
02

확신

CONFIDENCE

찾아 헤맨다고 찾게 되는 것은 아니다.
먼저 자신이 찾고자 하는 것이 무엇인지 알고
왜 그것을 찾아야 하는지에 답을 할 때
찾게 된다.

———

You cannot find what you want by scrambling to find it.
You will find it once you know what you are looking for
and why you are looking for it.

지혜로운 자

WISE MAN

미련한 자는 힘만 필요로 하나
지혜로운 자는 모든 것이 다 필요하다.

———

A foolish man needs only strength,
but a wise man needs everything.

04

근본

SOURCE

근본을 알면 그것에 집착하지 않는다.

———

If one knows the source, he does not cling to
whatever he is dealing with right now.

05

최선

DOING ONE'S BEST

잘 하고자 하는 것 보다
최선을 다 하고자 하는 것이 더 중요하다.

———

More important than trying to do something well is
having the attitude of trying one's best always.

06

용기

COURAGE

궁색한 변명보다는 자신의 연약함과
잘못을 인정할 줄 아는 용기가 필요하다.
그것을 인정하기까지는 힘들지만
인정하고 나면 감출 것이 없어진다.

———

You need courage to admit your wrongs
and weaknesses and not lay out lame excuses.
It is difficult to admit your wrongs and weaknesses,
but once you have done it, there is not anything to
hide anymore.

●
07

겸손

HUMILITY

쥐 앞에 있는 고양이도 개를 만나면
도망할 뿐이다.

———

A cat which stands in front of a mouse will only flee
when a dog comes by.

참된 사랑

TRUE LOVE

사랑이라는 그릇에 담을 수 없는 것은
포기이다.

———

Your inability to put something into a bowl called
"love" is an indication of your having given up on it.

09

본질과 근본

SUBSTANCE AND SOURCE

본질이 없는 최선은 헛수고이며
근본을 모르는 노력 또한 무의미한 것이다.

———

Doing one's best while not having the substance
is fruitless, and trying when you do not know the
source is meaningless.

10

성실

DILIGENCE

요행을 바라면 헛것을 보게 되나
땀으로 얻고자 하면 분별할 수 있다.

———

When you try to get something for free,

you see an illusion, but when you try to earn

whatever you are trying to get, you will see clearly

what you are looking at.

미혹

TEMPTATION

물고기는 미끼를 통해 걸리지만
인생은 욕심과 탐심으로 걸려든다.

———

A fish gets caught by a bait,

but a man gets caught by greed and desire.

●
12

휴식

REST

육신의 쉼은 잠시 피로를 푸는 것이요,
마음의 쉼은 새 생명과 같다.

———

Physical rest is momentary relief from stress.

Spiritual rest is like a new life.

13

처신

CARRYING ONESELF

있는 자리에 맞게 처신하라.
사람들은 나와 그 자리를 겸하여
보고 있기 때문이다.

———

Try to conduct yourself properly

for the position you are in,

for people look at both you and your position.

14

인격적 사랑

PERSONAL LOVE

신은 모든 이들을 사랑한다.
그러나 회개할 줄 아는 사람에게만
그 사랑을 알게 한다.

———

God loves everyone, but He only lets the one
who repents know His love for him.

●

15

소신

CONVICTION

작은 물은 사람의 손이 길이 되나
큰 물은 그가 가는 길이 길이 된다.

———

A small body of water becomes a way when a human
touch is made, but for a large body of water, the way
it flows becomes one.

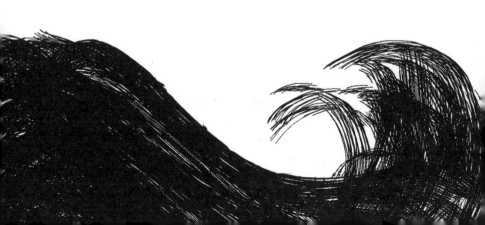

16

절제

SELF-CONTROL

절제할 수 없거든 멈추고
멈출 수 있거든 더 달려라.

———

If you cannot control yourself, stop;

if you can stop, run more.

17

단련

DISCIPLINE

신은 인간을 사랑하는 만큼 단련한다.

———

God disciplines as much as He loves.

18

온전함

BEING WHOLE

이 시대는 변화의 시대이다.
그렇다고 그 변화를 통해 온전해지는 것은 아니다.

———

We are in times of change,

but change does not make us whole.

●

19

자식

C H I L D R E N

자식은 부모의 가슴에서 태어난다.

———

Children are born of the heart of their parents.

20

존재이유

REASON FOR LIVING

바람은 멈추는 순간 죽는다.
바람은 멈추는 순간 더 이상 바람이 아니다.

———

A wind dies once it stops blowing, and when it does,
it is no longer what it is.

●
21

오늘

TODAY

오늘은 끊임없는 시작의 장소이다.

———

Today is the starting point of eternal beginnings.

●
22

결과
RESULT

힘이 올바른 곳에 사용될 때는 아름다우나 잘못된
곳에 사용될 때는 미련한 것이 된다. 힘은 무엇을
만나느냐에 따라 전혀 다른 결과를 만들어낸다.
힘이 욕심을 만나면 추악해지나 지혜를 만나면
많은 이들을 웃게 한다.

———

Strength is beautiful when used for a right cause but is foolish
when used for a wrong cause. Strength generates different results
depending on what it comes in contact with: If it comes in contact
with greed, it becomes vile, but if it comes in contact
with wisdom, it brings smiles to many people.

●
23

온전한 관계

SOUND RELATIONSHIP

신은 남자에게는 힘을, 여자에게는 지혜를 주었다.
힘과 지혜가 하나 될 때 인생은 온전해지는 것이다.

———

God gave strength to men and wisdom to women.
Life becomes whole when strength and wisdom come
together.

●
24

조화
BALANCE

지혜가 없는 힘은 미련한 것이요,
힘이 없는 지혜 또한 무용지물이다.

———

Strength without wisdom is foolishness,

and wisdom without strength is not good for anything.

●
25

소유

IN POSSESSION

성을 쌓고 나면 그 성을 지켜야 한다.

————

When you have built a fortress, you must guard it.

용납

TOLERANCE

서로 용납하라. 사는 날 동안 평안하리라.

———

Tolerate each other;

then the rest of your days will be peaceful.

●
27

본이 되는 삶

EXEMPLARY LIFE

부모의 삶은 자식의 보편적 스승이다.

―――――

The lifestyle of parents is a teacher to the children.

경계심

CAUTION

경계는 인간이 자신을 지키는
가장 기초적인 무기이다.

———

Caution is the most basic weapon for self defense.

●
29

겸손

HUMILITY

눈을 감으면 거지와도 친구가 되고
귀를 막으면 죄인과도 친구가 된다.

―――――

If you close your eyes, you can be friends
with beggars, and if you block your ears,
you can be friends with sinners.

●
30

성공

SUCCESS

진정한 성공은 자신을 극복하는 것이다.
자신의 적(敵)은 자기 자신 뿐이기에
자신을 이기고 나면 싸울 상대는 더 이상 존재하지
않게 된다.

———

Real success comes when you overcome yourself.
One's only enemy is oneself, and once you have
overcome yourself, there is no longer anyone to
contend with.

●
31

생명력

LIFE FORCE

얼음 속에서도 물은 흐르고
얼어붙은 땅 속에서도 생명은 기식한다.

———

Water flows even under ice,

and there is life in frozen ground.

본질과 모방

ESSENCE AND COUNTERFEIT

나무로 칼의 모양은 만들 수 있으나
칼을 만들 수 있는 것은 아니다.

———

You can make the shape of a sword with wood,
but you cannot make the sword itself.

●

33

사랑

LOVE

더우면 옷을 벗듯
사랑은 가식의 옷을 벗게 만든다.

————

As you take off your clothes when it is hot,
love makes you do the same for pretense.

●
34

존재이유

REASON FOR LIVING

왕이 백성을 사랑하면
백성은 왕의 아름다운 분깃이 되나
왕이 자신만을 사랑하면
백성은 귀찮은 존재가 된다.

———

When a king loves his people, they in turn become
his beautiful inheritance, but when a king loves only
himself, his people turn into an object of annoyance.

●
35

공감

MUTUAL UNDERSTANDING

경계는 공감으로 풀 수 있다.

———

Being wary of one another can be done away with
when there is a mutual understanding.

이면성

DUAL NATURE

고난의 비 뒤에는 은혜의 태양이 보인다.

———

You can see the sun of grace after the rain of trial.

●

37

겸손
HUMILITY

은혜는 자신의 존재를 깨달은 자의 것이다.

———

Grace of God belongs to the one who knows himself.

38

촛점
FOCUS

원망하는 순간 모든 것이 원망의 대상이 되나
감사하면 고난 중에도 감사할 것이 보인다.

———

The moment you blame someone,

everyone and everything around you becomes an

object of your blame, but when you are thankful,

you can find something to be thankful for even in the

midst of trials.

39

후회

REGRET

시기를 놓치면 후회하나 시도하지 않으면
이미 모든 것을 잃은 것이다.

———

You regret when you lose the right timing,

but when you stop doing anything,

you already have lost everything.

겸손의 기도

PRAYER OF HUMILITY

기도는 자신의 한계를 깨달은 자의 것이다.

———

Prayer belongs to the one who has realized
his limitations.

●

41

깨달음

REALIZATION

인간이 사랑의 눈을 뜨는 순간
가장 많이 하게 되는 말은 감사이다.

―――――

When a man sees things with the eyes of love,
the words he utters more than any others are
the ones of gratitude.

●
42

구별

DISCERNMENT

공과 사를 분별하면 중심을 지키게 된다.

_____

Distinguish between the public and the private
matters; then you will stay focused.

•

43

신의 의도

THE INTENTION OF GOD

신은 인간에게 신의 존재를 알게 하기 위하여
부모를 주었다.

———

God gave parents to human beings to let them know
who He is.

●
44

부모와 자식
PARENTS AND CHILDREN

부모는 자식을 버릴 수 없으나
자식은 부모를 버릴 수 있다.
더 슬픈 것은 그 자식도 내일이 되면
부모가 된다는 것이다.

———

Parents cannot forsake their children,

but children can forsake their parents.

The sad fact is that the children themselves will

become parents one day soon.

45

칭찬과 자유

PRAISE AND FREEDOM

자랑하고 싶은 만큼 부족함을 감추려하나
부족한 것을 고백하면 자유하게 된다.

———

We try to hide our inadequacies as much as we try
to show off to others, but when we acknowledge our
inadequacies, we gain freedom.

46

본분

ONE'S DUTY

훌륭한 군사는 싸움을 잘 하는 자가 아니라
명령을 잘 준수하는 자이다.

———

A great soldier is someone who follows orders well,
not someone who fights well.

●
47

인정받고자 하는 마음

HEART THAT WANTS TO BE ACKNOWLEDGED

사람에게 인정받으려 하면
사람의 눈치를 보게 되고
신에게 인정받으려 하면
신을 생각하게 된다.

———

When you want to be acknowledged by men,
you follow their every move, whereas when you want to
be acknowledged by God, you think of Him.

48

삶

LIFE

인생은 완성된 작품이 아니다.
다만 최선을 다해 그려갈 뿐이다.

———

Life is not a finished product;

we merely do our best along our life's journey.

●
49

삶

LIFE

사상으로 구도를 잡고 가슴으로 스케치하여
삶의 붓으로 색칠하는 것이 삶이다.

————

With our belief, we make an outline;

with our heart, we make a sketch;

with our life brush, we paint. This is the life.

50

차이

DIFFERENCE

인생이 사는 것은 다 비슷하기에
어떻게 살아가느냐가 중요하다.
생계를 위해 일을 하지만 그 마음에 무엇을 품고
그 일을 하느냐가 중요하다.
일의 차이가 아니라 마음과 의식의 차이이다.

———

Our lifestyle is uniform. What really counts is how
we live. All we do is alike. The only difference is what
we are thinking about when we do certain things.
The difference is not in the things we do but in our
consciousness and our state of mind.

주관적 판단

SUBJECTIVE JUDGMENT

내가 만족한 삶을 살았다고 해서
내가 반드시 옳았던 것은 아니다.

————

We were not absolutely right
just because the life we had led was satisfactory.

●
52

평가
EVALUATION

그림은 자신이 그릴 수 있으나 평가는 반드시
어느 누군가를 통하여 받게 된다.
그러므로 나는 누구를 위하여
이 그림을 그릴 것인지 생각해야 한다.

———

We can paint pictures ourselves, but the evaluation
will be made by someone else one day in the future.
Therefore, we must think about whom we are going
to paint them for.

●
53

기억

REMEMBRANCE

인간은 잊어야 할 것은 잊고
기억해야 할 것은 기억해야 행복한 삶을 살 수 있다.

———

To live a happy life, a man needs to forget what needs
to be forgotten and remember what needs to be
remembered.

●
54

신뢰

TRUST

책망 앞에서 돌이킨 사람보다
신뢰 앞에서 돌이킨 사람이 더 많다.

———

There are more people who have turned their lives
around because of trust than due to rebuke.

●
55

지금
NOW

지금 있는 그 자리가 애국하는 자리이다.
어제가 소중하나 어제이고 내일이 기대되나
내일이다. 지금 이 순간 지금 이 자리가
가장 가치 있는 자리이다.

———

The place you are at is where you can be patriotic.
Yesterday was precious but it is a day gone by.
Tomorrow yields much anticipation but it is a day
ahead. The spot you are at right now is where things
matter most.

56

길

WAY

인생은 길을 만드는 것이 아니라
길을 찾아가는 것이 되어야 한다.

———

Life should not be a road that is to be built,
but rather one that is to be found.

●

57

순리

HOW THINGS SHOULD BE

빗물과 바람이 지나갈 틈을 두고 집을 지어야 한다.

———

You must build a house leaving a crack for the rain
and wind to pass through.

58

진리

TRUTH

진리는 시간이 흘러도 변하지 않는 것이다.

———

Truth does not change with time.

59

가정

HOME

가정은 온전한 것을 배우는 곳이다.

———

Home is where you learn to be whole.

쉼

REST

잠을 잔다고 쉬는 것이 아니라
생각과 마음이 정리되어야 진정 쉬는 것이다.
그리고 쉴 줄 아는 사람이 일할 줄도 안다.

———

Resting is more than sleeping; it takes composure.
And a person who knows how to rest knows
how to work.

61

신이 주는 만남

MEETING ARRANGED BY GOD

자식의 안식처는 부모의 마음이다.
자식은 부부의 선택이 아니라 신의 선택이다.

———

The place of shelter for children is
where their parents' heart is.
Children are the choice of God, not their parents.

62

스승과 제자

TEACHER AND STUDENT

스승은 제자들의 마음을 먹고산다.
제자는 스승의 인정을 큰 기쁨으로 삼고
스승 또한 제자들의 인정을 큰 가치로 여긴다.

———

Teachers live off their students' hearts. Students take
their teachers' recognition of them as a great joy,
and teachers consider their students' recognition of
them worth a great deal.

63

세상
WORLD

이 세상에 온전한 것은 아무것도 없다.
온전함을 위해 노력해야 하는 것뿐이다.

———

Nothing in the world is sound;

we can only try to make it sound.

64

부부

HUSBAND AND WIFE

부부는 깨질 수 있으나, 끊을 수 없는 자식으로
묶여질 때 더 단단해 진다.

———

The relationship between husband and wife can
be broken, but when it is tied up by their children,
whom they are inseparably related to, it becomes
more sound.

65

자식

CHILDREN

부모에게 있어 자식은 삶의 이유일 수도 있다.

———

Children can be a reason for living for parents.

66

인격

CHARACTER

자식의 성품은 부모의 인격이다.

———

Children's dispositions are the same as
their parents' character.

67

행복을 보는 눈

PERSPECTIVE ON HAPPINESS

행복을 얻기 위해 찾아 헤매지 말고
이미 내게 주어진 것을 보아라.
지금 행복하고 싶다면
행복의 기준이 무엇인지 점검하라.

———

Do not scramble to find happiness but rather
examine what you already have. If you want to be
happy now, you ought to examine your criteria
for happiness.

롤모델

ROLE MODEL

자식들은 지식 보다 부모의 삶을 따라간다.

———

Children follow their parents' lifestyle,

rather than what they know.

69

양육의 법칙

WAYS OF RAISING CHILDREN

자식을 기대감으로 키우면 무거운 짐을 지우는 것
이요, 자식을 책망으로 키우면 그의 인격을 죽이는
것이요, 자식을 사랑으로 키우면 살리게 된다.

———

If you raise your children out of selfish expectations,
you will end up putting heavy loads on them; if you
raise them by blaming them all the time, you will kill
their character; if you raise them in love, you will
have children who possess life.

입장적 차이

POSITIONAL DIFFERENCE

이해되지 않고 용납되지 않거든
상대의 마음을 품고 상대의 입장에 서 보아라.
모든 것이 이해가 된다.

———

If you cannot understand nor accept someone's
position, embrace his heart and look at it from his
perspective, and then you will understand it all.

● 71

만남
MEETING

신은 인간에게 세 부류의 만남을 준다.
자신의 모습을 깨닫게 하려고 나와 똑 같은 사람을
만나게 하고, 자신을 돌아보지 않기에 나보다 더
완악한 사람을 만나게 하며, 겸손한 사람에게는
나를 인도할 만한 사람을 만나게 한다.

———

God leads us by letting us meet three kinds of
people: those who are just like us so we can come to
know ourselves, those more wicked than us since we
do not reflect on ourselves, and those who can guide
us if we are humble.

자아극복

OVERCOMING ONESELF

이번 한 번만이라고 변명하지만
두세 번 반복될 때 습관이 된다.

———

You say you will do it only once,

but a habit is formed when you do it more than once.

●
73

준비
PREPARATION

오늘의 삶은 내일의 양식이다.

———

Today's life is tomorrow's nourishment.

●
74

생각
THOUGHTS

생각은 마음에 갖고 있는 사상의 가지들이다.

————

Your thoughts are the branches of your beliefs.

●
75

인생의 나약함
THE FEEBLENESS OF LIFE

추울 때 따뜻함이 그립고
더울 때 시원함이 그립듯이
그렇게 나약한 것이 인생이다.

———

We long for warmth when it is cold,

and we long for coolness when hot.

Such is the life of ours.

습관과 운명

HABIT AND DESTINY

좋은 습관은 좋은 운명을 만나게 해 준다.

———

Good habits lead to a good destiny.

77

기도

PRAYER

신은 인간에게 기도하는 법을 가르쳐 주었다.
그리고 그 기도를 통해 인간에게 말한다.

―――

God taught man how to pray.
and He speaks through prayer.

78

토기장이

POTTER

토기장이가 그릇을 단련할 때는 냉엄하나
빚어진 그릇을 대할 때는 사랑으로 소중히 대한다.

———

A potter is disciplined when working on his pot,
but once the pot is finished, he carefully handles it
with love.

79

마음
MIND

마음의 쉼은 육신을 건강하게 하지만
마음의 고통은 육체를 쇠약하게 만든다.

———

Rest to the mind gives health to the body,

but the anguish of the heart debilitates the body.

80

한계와 기회

LIMITATION AND OPPORTUNITY

인간이 한계에 부딪쳤을 때
인간을 만든 신을 만날 수 있는 기회가 된다.

———

A man gets to know God who is the creator of all

mankind when he meets his limitations.

81

경륜
LIFETIME EXPERIENCE

젊었을 때는 육신으로 살아가나
나이를 먹으면 마음으로 살아가려한다.
그제야 육신만을 믿고 산 삶이
얼마나 미련한 것인 줄 깨닫는다.

———

When you are young, you live off what you have
physically, but when you get old, you learn to live off
what you have mentally and realize how foolish it is
to live a life relying on things you can get out
physically.

82

위로

CONSOLATION

병자는 약보다 위로를 더 원할 수도 있다.

———

A sick person may want consolation more than
medicine.

83

치유

HEALING

마음을 살피면 영혼을 살리나
육신만을 살피면 병에서만 살린다.

———

If you take care of your mind, you will nurture
your spirit, but if you do the same with your body,
you will only keep yourself from illness.

가정

HOUSEHOLD

가정은 사랑으로 지켜지나
판단 앞에서는 바람 앞에 촛불과 같다.

———

A household is kept by love, but before a critical
spirit, it is like a candlelight before the wind.

85

실패
FAILURE

실패는 누구나 다 겪는다.
다만 어떤 형태와 어떤 자세로 겪었느냐의
차이만 있을 뿐이다.

———

Everyone faces failure;

the difference is how one deals with it.

86

자세

ATTITUDE

일보다는 그 일을 하는 자의 자세가 중요하다.

———

More important than work is the attitude
of the person who does it.

87

겸손

HUMILITY

자기 스스로 겪어본 만큼
인생은 귀가 열어지는지도 모른다.

———

It may be that one's ear opens as much as the
amount of experience he has.

●
88

선택

CHOICE

모든 일에는 용기를 주는 사람이 있는가 하면
포기를 권하는 사람도 있다.
그러나 그 모든 것은 다 나를 위해 한 말이다.
어떤 말을 들을지는 지금 내가 선택해야 한다.

———

In life there are people who encourage you
in whatever you are doing and others who urge you
to give up doing whatever you are doing. Basically
they are all for your good, and it is up to you which
one to give your ear to.

89

여유

EASE

여유는 아는 자의 것이며
할 수 있는 자의 것이다.

———

Ease belongs to those who know what they have to do
and how they have to do it.

90

사랑

LOVE

사랑은 관심으로 상대를 알아가야 하는 책임과
상대를 생각하며 가슴으로 품어야하는
의무가 있다.

———

Love carries the responsibility to get to know the
person you love and also, since you care about them,
to embrace them with your heart.

91

믿음
FAITH

믿음은 신이 인생에게 준 구원의 선물이다.

———

Faith is a gift from God to mankind
for their salvation.

92

도전

CHALLENGE

인생은 부딪치며 살아가야한다.
부딪침을 두려워하고 피하려고 하는 것에서
문제가 발생한다.

———

Life is meant to have conflicts, and problems arise
when one becomes fearful and tries to avoid them.

93

진정한 소리
TRUE VOICE

사상의 소리, 양심의 소리, 마음의 소리가 있다.
마음의 소리를 듣고자 할 때 자유해진다.

———

There are voices of beliefs, voices of minds,
and voices of spirits. You can be free when you seek
to hear the voice of your spirit.

●
94

인정

ACKNOWLEDGMENT

칭찬은 잠시 기쁘지만
인정받은 것은 일평생 마음에 두고 살아간다.

———

People's praise lasts for a moment, but one cherishes
the acknowledgment from them in his heart as long
as he lives.

95

인정

ACKNOWLEDGMENT

사람들은 자신을 인정해 주는 사람과
함께 살아가기를 원한다.

———

People want to live with those who acknowledge
them.

96

적재적소
RIGHT ONE IN RIGHT PLACE

감은 익으면 떨어진다.
하지만 더러운 곳에 떨어진다면
아니 떨어진 만 못하다.

———

Persimmons fall when they are ripe, but if they were
to fall on dirty ground, it would be better not to have
been fallen.

97

지혜
WISDOM

문제는 지혜를 가져다주는 심부름꾼과 같다.

———

Problems are like a messenger who brings wisdom.

98

현실
REALITY

오늘보다 더 힘들었던 과거에는
여유로운 법이다.
어제에 비하면 아무것도 아닌 현실이
가장 힘들게 느껴진다.

———

It feels like your difficult days in the past were
peaceful compare to what you are going through
today, and your present circumstances, even though
cannot be compared in terms of how painful they are
to the ones in the past, just feel most painful.

문제의 크기

SIZE OF THE PROBLEM

자신의 문제는 커 보이고 남의 문제는 작아 보인다.
그러나 자신을 아는 자는 문제가 작아 보인다.

―――

While your problems may look big compare to
others, the problems of those who know themselves
look small.

●
100

주관적인 삶
SELF-CENTERED LIFE

내게는 소중한 것이
남에게는 장애물일 수도 있다.

———

What is precious to a person can be a hindrance to others.

101

희생

SACRIFICE

희생이 없는 성장은 있을 수 없듯
희생이 따르지 않는 변화도 있을 수 없다.

―――――

There cannot be any change without sacrifice,
nor can there be any growth without it.

102

안목
INSIGHT

고난의 폭풍은 자신을 바로잡게 해주는
스승과 같다.

———

A storm of trials is like a teacher who gives correct
instruction that puts one on the right track.

●

103

성장

GROWTH

성장한다는 것은 살아있다는 증거이다.

―――――

The fact you are growing attests to the fact that you are alive.

●
104

인내

PATIENCE

인내는 믿음의 분량 만큼이다.

———

The amount of patience you have equals the amount
of faith you have.

105

소망

HOPE

아무리 좋은 것을 주고 좋은 말을 해주어도
살 희망이 없는 자에게는 부질없는 짓이다.

———

No matter how good the things you give or the words
you say are, they are useless if they are received by
those with no hope of living.

106

마음의 중심

THE CENTER OF YOUR HEART

마음의 중심은
신의 음성을 들을 수 있는 장소이다.

———

The center of your heart is where you can hear
the voice of God.

107

한 몸

ONE BODY

부부는 거울과 같다.
그 거울이 얼룩지면 상대는 보이나
나는 보이지 않는다.

———

A married couple is like a mirror.
If it is stained, one sees the other but not himself.

108

열정

ZEAL

하고자 하는 자는 일을 만들어서도 한다.

———

The one who desires to work does so even if he has
to create work.

109

겸손

HUMILITY

겸손은 인생이 입을 수 있는
가장 아름다운 옷이다.

———

Humility is the world's most beautiful garment.

110

만남

MEETING

상대를 통하여 나를 돌아볼 수 있다면
인생의 모든 만남은 유익이 있다.

———

If we can look at ourselves through the eyes of others,
every meeting in life will be beneficial to us.

●
111

인격

CHARACTER

교만한 사람은 만나는 사람을
종으로 만들고자 하고
겸손한 사람은 만나는 사람을 형제로 만든다.

———

One who is conceited tries to make servants of
others, but one who is humble tries to make friends
of others.

가치

VALUE

사람을 소중하게 여기면 인재를 얻고,
재물을 귀히 여기면 사람과 그 마음을 잃게 된다.

———

If you value people, you gain wise workers, but if you
value material possessions, you lose both people and
their hearts.

113

교훈

INSTRUCTION

상대를 거울로 여기는 자는
항상 자신의 모습을 돌아볼 뿐이다.

———

The one who thinks of others as a mirror will
always look back at himself.

114

참된 스승

TRUE TEACHER

현명한 스승은 제자를 가까이 두나
미련한 스승은 제자를 멀리 경계하며 두려워한다.

———

A wise teacher has his students nearby,
whereas a dim-witted teacher has his students
far away.

115

현명한 스승

A WISE TEACHER

현명한 스승은 제자를 깨우치려 들고
미련한 스승은 제자를 가르치려 든다.

———

A wise teacher tries to enlighten his students,
whereas a dim-witted teacher tries to teach
his students.

116

인내
PATIENCE

달리는 말에는 안장을 올릴 수 없다.

———

You cannot put the saddle on a running horse.

117

선행되어야 할 것

WHAT NEEDS TO BE DONE FIRST

인생은 주어지는 모든 환경을 선택해야 하나
올바른 선택을 위해서는 선택의 기준이 되는
인격을 먼저 쌓아야 한다.

———

The circumstances around us demand us to make
choices, but to make right choices we must first
cultivate the proper character in us.

118

포용력

THE ABILITY TO EMBRACE

자아의 문턱이 낮아질 때 모든 이의 친구가 된다.

———

When you have low expectations of others,
you can be friends with all.

●
119

소유
IN POSSESSION

소유하려고 하는 만큼 소유하려는 것에
빈자리를 내 주어야 한다.

———

If you want to get something, you must give
something else in return that is equal in size and
value.

고집

STUBBORNNESS

자신의 입장에서 들으면
항상 자신만이 옳을 뿐이다.

———

One is always right when he looks at things from his
perspective.

●
121

마음자세

ATTITUDE

인간의 수고로움도
마음이 기쁘면 즐거움일 뿐이다.

_____

What is a chore to a man can only be a joy
when he is happy.

이기주의 vs. 개인주의

EGOTISTIC VS. INDIVIDUALISTIC

이기주의는 나의 이익을 먼저 생각하는 것이고
개인주의는 자신의 입장을 주제로 한다.

———

Being egotistical means thinking of oneself first,
and being individualistic means putting oneself
in the center of things.

●
123

부끄러움

SHAME

모르는 것은 부끄러운 것이 아니다.
하지만 알려고 하지 않는 것은 부끄러운 것이다.

———

Not knowing anything is not a shame,

but not trying to know anything is a shame.

124

영향력

INFLUENCE

낮은 물에는 작은 물고기만 살 뿐이다.

———

In shallow water, only small fish live.

●
125

회개

REPENTANCE

신은 많은 기도 보다
자신을 살피는 것을 더 원한다.

———

God wants a person reflects on himself than
they pray a lot.

126

신뢰
TRUST

스승을 신뢰하면 그 스승이 하는 말은 눈이 되고
양식이 되지만 신뢰하지 못하는 스승의 말은
자신을 괴롭게 하는 말에 지나지 않는다.

———

When you trust your teacher, whatever he says
becomes food for your thoughts, but when you
distrust him, whatever he says becomes nothing but
a source of discontentment.

●

127

진정한 스승

TRUE TEACHER

진정한 스승은 자신의 모든 것을 내어준다.

———

A true teacher gives everything of himself to his
students.

필요

NECESSITY

모든 것은 필요에 의해 만들어지고
사라질 뿐이다.

———

Everything is made to satisfy a need and goes out of
existence when it has been met.

●
129

부재

ABSENCE

오랜 시간 집을 비우면
그 집은 동물의 거처가 된다.

―――

If you leave your house empty for a long time,
it becomes a place for animals.

130

근본과 본질

SOURCE AND SUBSTANCE

근본은 모든 문제의 눈이요,
본질은 그 힘이다.

———

The source is the eye of every problem,

and the substance its power.

●
131

감사
GRATITUDE

아프면 약이 귀해 보이고
추우면 옷이 귀해 보이는 법이다.

———

When you are sick, medicine seems precious,
but when you are cold, clothes seem valuable.

미련함

STUPIDITY

배가 고파 말을 잡아먹으면
말에 실린 짐은 자신이 지고 가야 한다.

———

If you kill the horse because you are hungry,
you will end up having to carry the load yourself.

●

133

소신

CONVICTION

세속에 물들지 않으면
어두운 데서도 밝히 그 세상을 보게 되며
세속에 물들지 않으면
세속은 결코 나를 지배할 수 없다.

———

Don't be part of the world;

then you will see clearly in the midst of darkness.

If you are not part of the world,

it can never control you.

●

134

영향

INFLUENCE

미련한 스승 밑에서도
지혜로운 제자는 지혜로울 뿐이다.

———

A wise disciple remains wise even under
a dim-witted teacher.

135

권세와 책임
POWER AND RESPONSIBILITY

신은 권세를 주지 않는다. 다만 책임을 줄 뿐이다.
자신이 감당해야 하는 책임을 소홀히 여기는 것은
그 권세를 스스로 버리는 것이다.

———

God does not bestow power; He merely gives
responsibilities. If you think lightly of
your responsibilities, you will end up giving up the
power you have.

136

준비

PREPARATION

기름이 없는 심지에 불을 붙이면
심지만 태울 뿐이다.

———

If you light a candle without oil,
you will only end up burning the wick.

방향

DIRECTION

물은 뒤로 돌아갈 수 없고
다만 앞으로 흘러가듯
인생 또한 앞을 향해 나아갈 뿐이다.

———

As water only flows onward and cannot reverse its
course, our life is meant to go forward.

138

정도(正道)

THE WAY

물도 길을 따라 흘러 간다.

———

Even water flows according to the way.

●
139

경험
EXPERIENCE

부모의 지혜는 부모이기 때문에 얻어진다.

———

The wisdom of parents is from themselves.

140

유익

BENEFICIAL

가위가 필요할 때가 있는가 하면
바늘이 필요할 때가 있다.

———

There are times when you need scissors,

but there also are times when needles are needed.

●

141

가치

WORTH

쉽게 얻어진 것은 귀하게 여겨지지 않는다.

_____

What can be easily attained does not seem precious.

●
142

비중(比重)

RELATIVE IMPORTANCE

주인공은 검보다 그 검을 잡은 사람이다.

———

More important than a sword is the person who
holds it.

●
143

사용

IN USE

사용하지 않는 검(劍)은 쇠 조각일 뿐이다.

―――――

A sword not used is only a piece of metal.

●
144

오늘

TODAY

오늘은 선물이다.

———

Today is a gift.

145

진심
HONESTY

진심은 그 사람의 모든 것이다.

———

Honesty is one's everything.

146

흔적

TRACE

오늘의 계곡은
수없는 고난을 통하여 얻어진 것이다.

———

Today's ravines are the result of countless trials.

147

현명한 스승
WISE TEACHER

현명한 스승은 지식을 지배하게 하나
미련한 스승은 지식을 숭배하게 한다.

———

A wise teacher makes you control knowledge,
whereas a dim-witted teacher makes you worship it.

●
148

시간
TIME

시간은 공평하다.
우리는 공평한 시간에서 살아가고 있다.

———

Time is equal to all.
We are living with such time.

149

타협

COMPROMISE

타협으로 얻어진 평화는
양심을 팔아 얻은 것이다.

———

Peace achieved by compromise is what you get after
selling your conscience.

●

150

역량(力量)

CAPABILITY

최선도 아는 만큼이다.

———

You can only do as much as you know.

●
151

어리석은 도움
FOOLISH HELP

하나를 내어주면 둘을 달라 하고
나중에는 모든 것을 주었음에도 부족해 한다.

———

If you give one, you then have to give two, and there
will come a time when it is not enough even though
you have given everything you have.

●
152

표현

EXPRESSION

침묵도 말이다.

———

Even silence is talk.

●
153

양면성

DUAL NATURE

문을 열어 놓으면 벗이 오나 먼지도 들어온다.

———

When you open the door, what comes in is not only
your friends but dust.

스승과 제자

TEACHER AND DISCIPLE

아무리 좋은 스승도 좋은 제자를 만나지 못하면
좋은 스승이 될 수 없다.

———

No matter how good a teacher is, he cannot be good
if he does not meet good disciples.

155

듣는 자세

POSTURE OF LISTENING

말은 귀로만 듣는 것이 아니다.
마음으로, 이성으로, 지성으로, 감성으로
들을 수 있어야 한다.

———

One does not hear words just with his ears.

He should also be able to hear them with his mind,

reason, intellect and feelings.

생명력

LIFE FORCE

영혼을 담지 않은 외침은
시장에서 나는 소리와 같다.

———

A cry without the heart of a person is
like noise in a street market.

157

깨달음

ENLIGHTENMENT

아는 만큼 여유가 생긴다.

———

You can be at ease as much as you know.

158

진실

TRUTH

욕심이 들어오면 더 이상 진실할 수 없다.
한 그릇에 욕심과 진실, 이 두 가지를 담을 수 없다.

———

If greed gets into you, you cannot be truthful.
A bowl cannot contain both greed and truth.

159

진리의 영원성

THE EVERLASTING QUALITY OF TRUTH

헛된 논리는 바람과 같은 세월과 함께 사라지나
진리는 사라지지 않는다.
역사는 그것을 증명해 왔다.
그리고 지금 이 순간도 역사의 한 부분이다.

———

The faulty reasoning eventually goes out the window,
but truth remains. History has confirmed it,
and this moment is part of history.

160

큰 뜻

BIG WILL

산은 움직이지 않는다.

———

A mountain does not move.

161

사랑

LOVE

사랑 받을 줄 모르면 사랑할 줄도 모른다.

———

If you do not know how to receive love,

you do not know how to give it.

162

영광
GLORY

대가가 클수록 얻는 것도 많다.

———

When you pay more, you will get more.

●
163

근본

SOURCE

나무는 뿌리다.

———

The identity of a tree lies in its root.

164

순수
PURE

사랑도 변하면 독이 될 수 있다.

———

When love changes, it can turn into poison.

165

길

WAY

길은 길에 있다.

———

A way is in the way.

166

성공
SUCCESS

자신을 극복한 사람치고
성공하지 못한 사람은 없다.

———

There is not anyone who did not succeed
after overcoming himself.

167

사고(思考)

CONTEMPLATION

생각해 보지 않는 문제는 문제일 뿐이다.

―――――

If you do not think about your problem,

it remains a problem.

168

분별

DISCERNMENT

사람들의 말에는
위로와 기회와 함정이 같이 섞여 있다.

———

There is both opportunity and a trap
in a man's word.

169

자기성찰

INTROSPECTION

실패의 재를 뒤적여 보면
성공의 불씨가 보인다.

———

If you sift through the ashes of failure,

you can spot embers of success.

●
170

위치

POSITION

낮은 자리에 물이 고이고
높은 곳에 바람이 깃든다.

———

In a low place, a puddle is formed; in a high place,
the wind slips by touching the outer edge of it.

순리

THE WAYS OF NATURE

바람은 한 곳으로 불지 않는다.

———

Wind does not blow in one direction.

경영

MANAGEMENT

경영은 더불어 함께 살아간다는 뜻이다.

———

Management means living together.

173

큰 소리

LOUD NOISE

가장 큰 소리는 고요할 때 나는 소리이다.

———

The loudest noise is the one that can be heard
in the midst of silence.

●
174

인정

ACKNOWLEDGMENT

더불어 살아간다는 것은
서로를 인정하는 것에서부터이다.

———

Living together starts with acknowledging one another.

훈계

EXHORTATION

소에게는 고삐가 필요하나
인생은 훈계가 필요하다.

———

Cows need yokes, but men need exhortation.

176

원칙

PRINCIPLE

이해가 간다고 해서 모든 것이 용납되거나
인정이 되는 것은 아니다.

———

Sometimes things cannot be accepted nor agreed
upon by the fact it can be understood.

177

사모함

LONGING

새벽은 잠든 자를 깨우지 않는다.
새벽은 기다리고 인내한 자의 것이다.

———

Dawn does not awake those who are asleep.
It is for those who have waited and persevered.

178

온전함
WHOLENESS

온전함이란 보석은
항상 불완전한 질그릇 속에 담겨있다.

———

A jewel called wholeness is always contained in
an imperfect earthen vessel.

179

목적

PURPOSE

토끼를 쫓는 중에는
토끼밖에 보이지 않는다.

———

When one is chasing a rabbit,
he sees is nothing but the rabbit.

180

믿음
FAITH

신이 인간에게 믿음을 요구하는 것은
그 믿음만이 신을 볼 수 있는 길이기 때문이다.

———

The reason God requires faith from man is that
it is the only way to behold His glory.

181

연약함
WEAKNESS

아무리 맑은 샘물이어도
홍수의 날에는 삼가는 것이 좋다.

———

No matter how clean the water is,
it is wise to avoid it during a flood.

182

착각

MISUNDERSTANDING

해가 뜨는 것이 아니라 지구가 도는 것이다.

———

It is not that the sun rises,
but that Earth revolves around it.

183

신의 법칙

GOD'S LAW

아낀다고 없어지지 않는 것이 아니다.
인간은 '티끌모아 태산'을 가르치나
신은 '주라 그리하면 후히 준다'고 가르친다.

———

Being thrifty does not mean money stays with you.
Man teaches that the key to a huge sum of money
one day is a little saving each day, but God teaches
us to give and then we will get back generously.

184

책임

RESPONSIBILITY

말처럼 쉬운 것이 없고
말처럼 어려운 것이 없다.

———

There is not anything that is as easy and
difficult as saying a word.

185

존재

EXISTENCE

사람들은 꽃이 아름답다 하나
그 꽃은 사람의 평가를 받기 위해 피어나지 않았다.

———

People say a certain flower is beautiful,

but the fact is that it has not bloomed to be judged

by anyone.

●
186

터득
LEARNING

우물가에서 놀면서 큰 아이는
물 긷는 것을 가르쳐 주지 않아도 안다.

———

A child who has grown up playing around a well
need not be taught how to draw a bucket of water.

●
187

귀함

PRECIOUSNESS

이름이 없는 꽃도 꽃이다.

———

A flower without a name is still a flower.

188

참된 성공
REAL SUCCESS

성공하려고 하지 말고
많은 사람에게 유익이 되고자 하라.

———

Do not try to succeed, but rather try to be helpful to others.

189

마음

HEART

상대에게 좋은 선물을 하고 싶거든
그를 위해 먼저 마음을 선물하라.

———

If you want to give a good gift to someone,

give your heart to them first.

203

●
190

역할

ROLE

개개인이 바로 서지 않으면
그들이 속한 나라도 바로 설 수 없다.

_____

If the individuals making up a country are
not morally upright, the country itself will not be
able to stand on solid moral ground.

생각

THOUGHT

생각은 늪 같아서 빠지면 헤어 나오기 힘들다.

———

Thought is like a muddy pit;

once you fall into it, it is hard to get out.

192

관계

RELATIONSHIP

관계라는 물을 신뢰라는 그릇에 담을 때
영원히 마르지 않는 물이 된다.

———

When you pour water called "relationship" into a
bowl called "trust," the water becomes water that
never dries out.

●

193

순리

NATURAL ORDER

순리를 따르면 더딜 수 있으나 실패함이 없다.

―――

If you follow the natural order of things, things may
get delayed but will not end up being unsuccessful.

●
194

안주
SATISFACTION

현실에 만족하면 스트레스 받을 일이 없으나
그 자리에 머무를 뿐이다.

———

If you are satisfied with your present situation,
you certainly will not have anything to get stressed
about, but what will end up happening is that you
will not move forward but stay where you are.

195

시선

SIGHT

수평선은 눈으로 볼 수 있으나
손으로는 만질 수 없다.

———

You can see a horizontal line but cannot touch it.

196

열정

PASSION

가슴이 차가우면 삶에 이끌려 가는
욕구의 노예가 되고
가슴이 뜨거우면 삶을 지배하는 자가 된다.

———

If your heart is cold, you will become a slave to your
desires, but if your heart is hot, your will become the
master of your life.

●

197

행동
ACTION

움직임이 없는 곳에는
어떤 소리도 존재하지 않는다.

———

No sound can be heard in a place
where there is no movement.

198

고난

HARDSHIP

고난은 자신을 볼 수 있는 유일한 거울이다.

———

Hardship is the only kind of mirror you can use to
look back at yourself.

199

용서

FORGIVENESS

용서는 피해자만이 할 수 있는 고유의 선택이다.

———

Forgiveness is a prerogative that only a victim can exercise.

내면

INSIDE

눈으로 드러난 것만 보지 말고
그 속에 담겨 있는 의미를 알고자 해야 한다.
그 속에 지혜가 숨겨져 있기 때문이다.

———

You should not just look at what can be seen
from outside but try to find out the meaning
hidden within because that is where wisdom is.